Jacques BONZON

AVOCAT A LA COUR DE PARIS

La Recherche de la Paternité

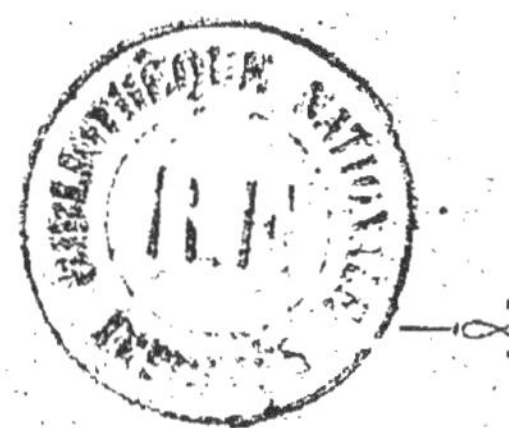

AVEC UNE PRÉFACE DE

Mme D'ABBADIE D'ARRAST

VALS-LES-BAINS

E. ABERLEN & Co, IMPRIMEURS-ÉDITEURS

1905

Jacques BONZON

AVOCAT A LA COUR DE PARIS

La Recherche de la Paternité

AVEC UNE PRÉFACE DE

Mme D'ABBADIE D'ARRAST

VALS-LES-BAINS

E. ABERLEN & Co, IMPRIMEURS-ÉDITEURS

1905

Cette conférence a été prononcée le 29 mars 1904, à Paris, au nom du Conseil national des Femmes françaises, et sous la présidence de Madame d'Abbadie d'Arrast, présidente de la Section de Législation, assistée de Madame Oddo-Deflou, secrétaire de la Section.

❦ ❦ ❦

PRÉFACE

Bonaparte croyait, sans aucun doute, avoir coupé court définitivement aux controverses, lorsqu'il imposait aux membres du Conseil d'État l'adoption de l'article 340 du Code civil. « La Société, avait-il déclaré, n'a pas d'intérêt à ce que les bâtards soient reconnus. » A la suite de l'intervention du Maître, il s'établit une sorte de trêve, d'oubli volontaire entre les partisans et les adversaires de la Recherche de la paternité ; mais cette trêve, cet oubli volontaire ne pouvait se prolonger indéfiniment. Un homme, malgré la conspiration du silence au sein des classes dirigeantes, devait, par un coup de foudre, rompre la trêve. Cet homme, ce fut notre grand romancier, Alexandre Dumas fils. A la suite de la représentation du *Fils naturel*, à la suite de ce succès écrasant, Dumas adressa sa lettre à M. Rivet, alors député de l'Isère, l'infatigable père de plusieurs projets de loi sur la recherche de la paternité, et par son intervention il secoua vigoureusement les consciences françaises. Avec la lettre publiée chez Calman Lévy, nous étions en 1883. M. Brunetière, aussi jeune à cette époque lointaine qu'il l'est aujourd'hui, saisit sa vaillante plume et doctement, à son habitude, il entretint les lecteurs de la *Revue des Deux-Mondes* de ce qu'il appela les sophismes de Dumas. Toute la concession de M. Brunetière aux partisans d'une réforme, ce fut de formuler le vœu que l'âge de protection de la jeune fille fût élevé de seize à vingt et un ans. Il rappela que cette disposition, du reste excellente en soi, avait été demandée plus d'une fois; notamment en 1810, une addition fut proposée aux articles 355, 356 du Code pénal par la commission du Corps législatif : « Si la jeune fille âgée de plus de seize ans et de moins de vingt et un ans a consenti à son enlèvement ou suivi volontairement le ravisseur, celui-ci sera condamné à deux ans d'emprisonnement au moins et cinq ans au plus », car, disait la commission, « c'est précisément à cette époque de la vie des jeunes filles que les enlèvements doivent être naturellement le plus commun ». Aujourd'hui, avec la complicité de l'automobile, quel châtiment exemplaire ne doit pas réclamer M. Brunetière lorsqu'au délit simple d'enlèvement s'ajoute la circonstance aggravante du 120 à l'heure !

Qu'on veuille bien nous pardonner une digression qui à tout prendre rentre dans notre sujet et constatons simplement que depuis plus de vingt ans la lutte continue. Le malaise social ne peut se nier. Il est évident que la société mise en présence de deux problèmes : la décroissance de la natalité et la précocité du crime et du délit, a le plus capital intérêt à faire régulariser l'état-civil des enfants naturels et à pousser l'homme récalcitrant au mariage. Il y a une plaie à débrider. On nous affirme que nos législateurs qui le savent mieux que qui que ce soit et qui connaissent l'étendue du mal s'apprêtent à jouer du bistouri. En attendant l'opération, les tribunaux préparent le patient, par une heureuse jurisprudence ils devancent la loi, et préparent le séducteur favorisé par la paternité à passer tout doucement, presque inconsciemment, de l'état de maladie à l'état de santé. Nous devrons à ces sages précautions de ne pas subir le choc d'une quasi-révolution dans nos mœurs. Il y aura déjà une accoutumance lorsque la législation nouvelle que nous espérons sera appliquée.

En effet, nous éprouvons une trop réelle estime pour nos représentants des deux Chambres pour oser mettre en doute un seul instant qu'ils n'adoptent, aussitôt qu'ils en auront les loisirs, le projet de loi que M. Sembat a déposé en juillet 1903 sur le bureau de la Chambre, que l'assemblée générale de la Ligue des Droits de l'homme a sanctionné en 1904, que beaucoup d'hommes distingués, généreux et savants ont honoré de leur approbation. Le projet de loi de M. Sembat est la traduction législative du vœu qui fut formulé, sur la proposition qu'en fit Mme Oddo Deflou, par le Conseil national des femmes françaises en 1902, au nom de milliers de femmes et de mères, relativement à une indemnité pécuniaire de l'homme vis-à-vis de la femme et de l'enfant en dehors du mariage.

Un jeune maître du barreau de Paris, M. Jacques Bonzon, s'est fait l'avocat de la réforme, à la rédaction de laquelle il a collaboré, avec son habituel dévouement, au cours des études préliminaires. Il a accepté la soutenance de la thèse, se faisant le missionnaire de la pensée de justice. En mars dernier sa conférence sur le vœu d'une *paternité alimen-*

taire, selon sa propre expression, a charmé ses auditeurs, profondément intéressés et émus par sa parole éloquente.

Un projet qui vient discrètement au secours de la mère — cette femme fût-elle absolument coupable a cependant le droit de trouver de l'aide chez son complice — et qui cherche à assurer à l'enfant la possession des sécurités matérielles et morales indispensables à son existence, n'a pas besoin d'apologie. Mais l'idée a besoin de se répandre, de se vulgariser. D'ailleurs aucune parole de M. Bonzon, dans ses belles plaidoiries, n'est indifférente. Ses amis lui ont demandé de publier sa conférence; gracieusement il a accédé à leurs prières. Nous l'en remercions. Les magistrats, les députés, les sénateurs trouveront dans sa lecture un vif intérêt, ainsi que toutes les personnes éprises de justice ; la grande masse de la population féminine aura contracté vis-à-vis de M. Bonzon une dette de reconnaissance. M. Bonzon fait avancer d'un pas le progrès si lent à venir. Se trouverait-il cependant quelques hommes tentés de regimber contre les aiguillons? Qu'ils y songent, l'orateur a accumulé les arguments propres à les convertir.

Nous n'avons pas à rappeler les titres de M. Bonzon à la sympathie générale. Ses courageuses interventions en faveur des méprisés de ce monde, des abandonnés, des opprimés, des faibles, le désignent au plus brillant avenir parmi les hommes qui sont l'honneur de la France, auxquels il faudrait décerner l'antique appellation du *vir probus et bene dicendi peritus.*

Citerons-nous cependant la plaidoirie de M. Bonzon, plaidoirie magistrale dont le procès dit de la *Traite des Blanches* lui fournit l'occasion ? Parlerons-nous d'une conférence sur le droit pénal et la morale qu'il fit à des jeunes gens et qu'il terminait par ces hautes et nobles réflexions que nous lui demandons la permission de transcrire ici même : « L'antique barbarie dénoncée par Vigny, disait-il à son jeune auditoire, vous fera redouter les jugements trop prompts. Non par scepticisme, ni même par la crainte plus noble, en jugeant autrui, de n'être point assez purs vous-mêmes pour cette tâche redoutable, mais par simple probité intellectuelle, vous pèserez tout ce que le droit pénal contient de transitoire, d'extérieur aux rapports nécessaires naissant entre les hommes de leur nature même, et d'une voie d'autant plus belle qu'elle est moins suivie, vous irez à la vraie justice, *vous irez à l'indulgence.* »

« Vous irez à la vraie justice, vous irez à l'indulgence. » L'homme qui a pensé ces paroles, qui les a dites, qui les a écrites, n'est-il pas qualifié entre tous pour réclamer le juste allégement du fardeau de la maternité et pour prendre en mains, contre l'outrageante injustice de tout un siècle et de plusieurs générations successives, contre l'égoïsme monstrueux et brutal, la cause sacrée de la faiblesse suprême, la grande éternelle cause de l'enfant !

Mme d'Abbadie d'Arrast.

❦ ❦ ❦

La Recherche de la Paternité

❦ ❦ ❦

Mesdames, Messieurs,

La question que j'ai l'honneur de traiter aujourd'hui au nom du Conseil national des femmes françaises est toujours actuelle. Depuis cinquante ans, depuis le féminisme éclos à la vie politique avec la seconde république, après avoir été agité devant l'opinion dès les origines du Saint-Simonisme, périodiquement nous voyons la situation de l'enfant naturel, ses droits à l'égard du père assez bas pour ne le point avouer, son état dans la société, qui frappe de ses lois impitoyables l'iniquité des parents sur les enfants, cette condition misérable entretenir les sentimentalités faciles et servir aux développements des publicistes à la mode. Alexandre Dumas, oubliant peut-être que ses plaidoyers pour l'enfant naturel frappaient trop près de lui, a lancé définitivement dans la littérature et même là conversation courante un sujet que vous pourriez presque aujourd'hui trouver rebattu. D'autres œuvres, plus sévères d'aspect, mais aussi plus substantielles, l'ont montré sous ses aspects juridiques et sociaux, qui en sont au reste les aspects essentiels. Car il est facile de résoudre avec quelques effets oratoires et beaucoup de paradoxes une question éminemment complexe : en fait elle demeure sociale; le littérateur y peut, là comme ailleurs, dire son mot, apporter sa pensée profonde ou sa boutade; mais c'est en définitive du juriste que la solution complète doit être attendue. Le petit volume publié naguère par mes confrères, Mes Coulet et Vaunois, leur « Étude sur la recherche de la paternité », si elle est animée d'une hostilité évidente à la réforme qu'au contraire je vais une fois de plus vous proposer, contient en tout cas le plus clair exposé, le résumé le plus nourri de toute la jurisprudence, de ses hésitations, fluctuations, contradictions en ce sujet.

Après les doctrinaires, écoutez les législateurs. Rappelez-vous la proposition de loi que M. Bérenger soutint au Sénat en 1878 et qui échoua devant le « Grand Conseil des communes de France », malgré l'autorité déjà redoutable de son auteur, ou mieux encore la proposition perpétuelle de M. Rivet qui, de 1883 à 1899, reprise à chaque législature avec un touchant entêtement par ce candide représentant du peuple, lui servit au moins de bagage parlementaire pour gagner le Sénat et s'y reposer de son persistant effort en faveur des enfants naturels. Relisez le rapport qu'avant son éclipse politique M. Viviani rédigeait sur cette proposition Rivet. Vous aurez en un suffisant raccourci la vue de toute la question devant l'opinion publique et devant l'opinion parlementaire, au Palais comme à la ville, auprès des théoriciens ou bien des hommes de loi plus positifs. Et, puisque il faut à toute controverse moderne l'apparente science de quelque statistique, le développement des enfants naturels dans notre société, leur accroissement continu, comme aussi leur incontestable infériorité à survivre, vous apparaîtront avec des chiffres récents et certains.

Les enfants naturels, en 1901, selon l'Annuaire statistique de la France, naissaient au nombre exact de 74.693 (37.958 garçons, 36.735 filles) contre 782.581 enfants légitimes (398.832 garçons, 383.749 filles).

Depuis dix ans ce nombre et cette proportion restent sensiblement les mêmes. Mais à suivre les phénomènes sociaux sur une courbe plus longue, on constate que l'enfant naturel est plus fréquent depuis un siècle, tandis que l'enfant légitime diminue dans notre pays. Et les campagnes comme les villes ont, à cet égard, leur responsabilité. Sur les 74.693 enfants naturels nés en 1901, les campagnes n'en offrent sans doute que 23.703, tandis que les agglomérations urbaines en reçoivent 31.636, et la Seine, Paris surtout, 19.354. Mais beaucoup ne doivent à la ville, à la grande ville, à Paris, que la misère honteuse, de leur apparition; c'est dans les campagnes que, filles de ferme ou gardeuses de troupeaux, leurs mères trop confiantes les ont conçus. Or, sur cet ensemble déjà si grand des fruits de l'amour libre, la plus faible part sont avoués par l'auteur qui nous intéresse ici et nous retient : le père. En 1901 les enfants naturels reconnus tout de suite, spontanément, sur l'acte de naissance, n'ont été que 13.734.

Villes, bourgs, campagnes, capitale ou hameau, la lâcheté de l'homme protégé par la loi est partout semblable, la proportion presque identique entre les naissances naturelles et les reconnaissances pour Paris et la Seine (3.472 reconnaissances paternelles faites immédiatement) ou les villes de province (6.795 reconnaissances) ou enfin les agglomérations rurales, les villages inférieurs à deux mille habitants (3.467 reconnaissances).

Or, pour établir l'infériorité, la faiblesse de l'enfant naturel, un fait parle à lui seul. Les décès, durant l'époque la plus périlleuse de la formation, à l'âge où le bébé court le plus de risques et appelle les soins les plus vigilants, les morts durant la première année sont ici dans une proportion exactement inverse. Sur 857.274 enfants, naturels ou légitimes, nés en 1901, 121.684 sont morts avant leur première année révolue, par conséquent la septième partie. Mais sur les 782.581 légitimes, il ne mourrait que 103.587, à peine le septième, alors que disparaissaient 18.097 naturels, presque le quart.

Le sentiment spontané de la foule se rencontre donc et se fortifie avec la sociologie la plus objective et la plus pédante. Les lois qui pèsent sur l'enfant naturel sont trop dures. Les réformes accomplies en sa faveur sont insignifiantes. La loi du 25 mars 1896 qui lui accorde enfin un droit d'héritage et non plus de simples aliments dans la succession de ses parents, cette loi d'ailleurs illusoire, puisqu'avec l'âpre amour du Code pour l'argent elle ne se préoccupe que des biens et de la fortune, chose plutôt rare chez ceux qui gardent et élèvent leurs enfants naturels, ce texte même, malgré l'esprit nouveau, plus humain et plus large, qu'il nous indique en ce domaine, est pour nous sans intérêt. Il statue en faveur seulement des enfants reconnus. Ce sont les autres qui nous touchent, les cinq sixièmes dédaignés de leurs pères, ceux dont le quart au moins dès les premiers jours vont périr faute de soins. Pour ceux-là il faut agir, et l'action doit enfin produire son effet. Et une nouvelle proposition de loi parût-elle destinée à dormir dans la poussière inviolée des nécropoles parlementaires, à reposer dans les cartons du Sénat et de la Chambre, nous avons pensé que l'œuvre élaborée par le Conseil des Femmes françaises était utile et valait d'être soutenue. Et ce sera ici ma rapide tentative.

Ce projet, discuté et préparé par la section de législation du Conseil national des Femmes françaises, avec le concours de juristes tels que MM. Massigli, professeur à l'École de droit de Paris, Ferrat, doyen de la Faculté libre de droit, Douarche, premier président de la Cour de Caen, Marc Réville et Mlle Jeanne Chauvin, avocats à la Cour de Paris, a été présenté dans la réunion générale du Conseil, le 17 mai 1903, par Mme d'Abbadie d'Arrast et, après son beau rapport, voté à l'unanimité. Il est ainsi conçu :

1° La recherche de la paternité est admise sous les conditions suivantes...

2° La constatation judiciaire de paternité ne donne au père aucun droit sur l'enfant. Elle ne lui impose que le paiement d'une pension alimentaire déterminée selon la condition de la mère et les ressources du père jusqu'à la majorité de l'enfant.

Récompense est due à raison de ladite dette, si le père est marié en communauté. Au décès du père, la pension alimentaire est prélevée sur sa succession.

La constatation judiciaire de paternité ne donne à l'enfant sur le père que des droits alimentaires.

3° L'action en recherche de paternité peut être exercée pendant la minorité de l'enfant, par la mère ou par le tuteur de l'enfant.

Elle ne sera pas entravée par le fait qu'elle pourrait aboutir à la constatation d'une filiation incestueuse ou adultérine. Si la mère n'agit pas dans l'année qui suivra la naissance, le ministère public devra, dans l'année suivante, saisir le tribunal d'office, avec le consentement de la mère, à moins qu'elle ne soit morte ou interdite ou déchue de la puissance maternelle.

4° Un commencement de preuve par écrit n'est pas nécessaire pour établir la paternité. On peut se contenter de présomptions graves, précises et concordantes. La possession d'état fait preuve par elle seule, sauf le droit, pour le prétendu père, de produire tous les moyens propres à établir que l'enfant traité par lui comme sien lui était étranger.

5° Le père contre lequel a été exercée l'action en recherche de paternité perd, pour l'avenir, le droit de reconnaître l'enfant sans le consentement de la mère, à moins qu'elle ne soit morte, ou interdite, ou déchue de la puissance paternelle. Si elle est hors d'état de consentir, la reconnaissance devra être autorisée par le conseil de famille, ou, à son défaut, par le juge de paix.

L'enfant, devenu majeur, ne pourra être reconnu que de son propre consentement.

Pareille disposition est applicable à la mère lorsque la paternité ayant fait l'objet d'une reconnaissance préalable, la maternité est constatée judiciairement.

6° Indépendamment de la pension alimentaire imposée au père par l'article 2, la mère naturelle peut réclamer pour elle-même des dommages-intérêts proportionnés au tort moral et matériel qu'elle a subi. Ils comprendront, s'il y a lieu, une part des dépenses que la mère aurait indûment supportées, seule, pour l'entretien et l'éducation de l'enfant jusqu'au jour du jugement. Ils ne sont en aucun cas inférieurs aux frais de l'accouchement, et aux frais d'entretien de la mère pendant trois mois.

7° Les rapports de l'enfant naturel avec sa famille maternelle seront réglés par un vœu subséquent.

La lecture même de ce projet en démontre aisément le triple caractère, l'originalité, l'utilité, la possibilité. Cependant une rapide histoire de la question générale reste nécessaire. Si connue que paraisse la recherche de la paternité, le passé domine ici trop impérieusement le présent et détermine l'avenir, pour que nous ne soyons obligés de jeter un regard en arrière. C'est la raison bien plus que le sentiment, l'évolution sociale en ses règles sinon fatales du moins logiques qui nous doit guider, plutôt qu'un élan du cœur, toujours respectable, mais propice souvent aux erreurs et aux échecs, comme ce sujet en a trop vu.

L'Ancien Régime admet pleinement la recherche de la paternité. Il la veut avec toutes ses conséquences : création d'une filiation régulière entre l'enfant engendré hors mariage et le père naturel, lien civil autant qu'obligation morale ou matérielle. Mais c'est qu'ici l'ancien droit, qui partait si souvent de postulats erronés, savait en tirer les conséquences nécessaires. L'Ancien Régime n'admet pas les relations que l'Église n'a point sanctionnées ni permises. Il établit, et réprime, le *délit de séduction*. Une action en réparation de ce délit, et de sa plus grave conséquence, la naissance d'un autre être, sera donc la suite logique. Mais là encore la logique commettra bientôt ses excès meurtriers. Et même sous l'Ancien Régime il ne sera pas exact d'affirmer que la recherche de la paternité n'ait point été combattue, ni ses méfaits dévoilés.

Poussant les conséquences du principe à l'extrême, les Parlements vont jusqu'à reconnaître le droit à actionner plusieurs hommes en recherche de la même paternité. L'arrêt du Parlement de Paris du 4 octobre 1661 est d'une admirable gravité : « Si une fille a eu commerce avec plusieurs hommes, ils doivent tous contribuer solidairement aux aliments de l'enfant, attendu qu'on ignore lequel d'entre eux est le père ». Aussi, des magistrats moins redoutables logiciens sentent-ils bientôt l'absurde d'une telle jurisprudence. D'Aguesseau, avocat général à la Tournelle, dans un réquisitoire prononcé le 13 août 1698, s'élève contre les dangers d'un pareil recours offert aux filles déshonnêtes. Et ses arguments, nous les retrouverons, après deux siècles de polémique, employés encore par les adversaires irréductibles de notre proposition. « Rien n'est plus dangereux que de faire connaître aux filles qui ne cherchent dans les procès en séduction qu'à tirer avantage de leur faute un moyen de réparer les suites d'une séduction qui vient souvent de leur part, ou d'une débauche volontaire qui peut non seulement être un degré pour parvenir au mariage, mais le rendre nécessaire et forcé par la crainte d'une condamnation à des dommages-intérêts ».

Et la règle sur laquelle s'appuie l'ancienne justice pour reconnaître le père récalcitrant, la fragile maxime « *Creditur virgini parturienti* — on doit s'en rapporter aux déclarations de la jeune fille lors de ses couches », cette norme trop commode et trop unilatérale provoque les critiques d'un autre esprit pourtant aussi libre et qui, à la mode du temps, prétend au titre d'homme sensible. Servan, avocat général au Parlement de Grenoble, s'écrie à la fin de l'Ancien Régime : « Cette maxime est-elle utile aux mœurs parce qu'elle les corrige ? Si on soutient qu'elle prévient les débordements du libertinage, je répondrai d'abord qu'elle ne prévient pas les faiblesses du sexe, puisqu'elle lui donne la certitude d'être secouru et l'espérance d'être dédommagé. Prévient-elle les entreprises des hommes ? Non, un amant favorisé a bien plus d'espérance de faire rejeter cette déclaration sur un autre que de craindre de la recevoir lui-même. On dit que ce sont les hommes qui sont les séducteurs ; non, ce sont les femmes qui, à l'aide de cette règle, s'enhardissent et séduisent les hommes. Fermons désormais cette voie trop large ouverte à la vengeance, aux saillies indécentes du libertinage. Je vous supplie, au nom de l'ordre public, d'abroger cette règle, car les filles qui se laissent séduire n'ont qu'à s'en prendre à leurs propres faiblesses ».

Le vœu de Servan, interprête, il faut bien l'avouer, de la société même qu'il jugeait, la Révolution va le réaliser. Car la loi régissant dans le droit intermédiaire la situation des enfants naturels ne leur est qu'en apparence favorable. Tout au moins, si elle est bienfaisante à l'extrême pour une portion d'entre eux, c'est pour la plus minime. Contre l'ensemble elle manifeste au contraire une extrême sévérité. Elle les ignore et leur interdit de connaître leur père. Elle prépare le Code civil. Bref, elle supprime la recherche de la paternité.

La loi du 12 brumaire an II (2 novembre 1793) assimile bien aux enfants légitimes les naturels, mais ceux-là seuls qui ont été *reconnus*. Elle institue ce que l'ancien droit ne connaissait pas, la *reconnaissance* régulière, la filiation civile et légale des enfants nés hors mariage. Elle crée une sorte de famille bâtarde, que le Code du nouveau régime, les textes de la société réorganisée après la secousse révolutionnaire conserveront à leur tour. Mais elle proscrit toute paternité qui n'est pas volontaire, *avouée*. Et pour le bien voir, il suffit de rapprocher du texte promulgué les projets auxquels la Révolution n'eut pas le temps de donner la sanction définitive. La constitution de 1791 avait dit : « Il sera fait un code de lois civiles commun à tout le royaume ». Le 9 août 1793, Cambacérès présente un premier projet à la Convention. Le Titre IV, Des Enfants, contient un article explicite : « La loi n'admet pas la recherche de la paternité (a 12) ».

Même affirmation dans le nouveau projet de Code civil présenté, par Cambacérès encore, le 23 fructidor an II (9 septembre 1794). La Convention n'eut pas le loisir de le voter en entier et de lui donner vie. Mais elle avait, avant sa disparition, adopté l'article 10 du titre II : De la paternité et de la filiation : « La loi n'admet pas la recherche de la paternité non avouée ».

Enfin, si l'on veut achever cet aperçu de la législation révolutionnaire, on trouve le même principe, posé par Cambacérès toujours, sous le Directoire, dans son projet au Conseil des Cinq-Cents, le 24 prairial an IV, et par Jacqueminot, le 30 frimaire an VII, aux Cinq-Cents également, au nom de leur section de législation.

La jurisprudence s'établit en conformité de cette législation. Le 5 pluviôse an III, le Tribunal de cassation casse une décision qui, en première instance et en appel, avait admis la demoiselle Desforges à prouver que le sieur Sprimont était le père de son enfant. Elle lui demandait, à l'ancienne mode, des frais de gésine pour elle, et pour son enfant des aliments. Invoquant expressément la loi du 12 brumaire an II, le Tribunal de cassation déclare : « que le but de la loi a été d'interdire la recherche de la paternité, même quand elle n'a pour objet que de demander des aliments et des indemnités ».

Le Code civil n'a donc fait qu'accepter sur ce point l'héritage de la Révolution. Ceux qui aiment à opposer la Convention au Consulat, Robespierre à Bonaparte, devront renoncer ici à cette antithèse facile. Le fameux article 340 du nouveau code : « La recherche de la paternité est interdite », ce glas bref n'est que l'écho de la pensée commune à tous les Français d'un temps pourtant fertile en audaces légales, et qui se proclame humanitaire.

Les motifs de l'article 340 sont connus. Sous la redondance insupportable, sous le pathos de ces mauvais élèves de Rousseau, perce la même répulsion pour le scandale, la même crainte des hommes à expier trop durement leurs passades. Bigot-Préameneu, une des lumières de la nouvelle Cour de cassation, présente ainsi au Corps législatif la disposition qui, dans le Titre de la Paternité et de la Filiation, deviendra l'article 340 : « Depuis longtemps, dans l'ancien régime, un cri général s'était élevé contre les recherches de paternité. Elles exposaient les tribunaux aux débats les plus scandaleux, aux jugements les plus arbitraires, à la jurisprudence la plus variable. L'homme dont la conduite était la plus pure, celui même dont les cheveux avaient blanchi dans l'exercice de toutes les vertus, n'était point à l'abri de l'attaque d'une femme impudente, ou d'enfants qui lui étaient étrangers. Ce genre de calomnie laissait toujours des traces affligeantes. En un mot les recherches de paternité étaient regardées comme le fléau de la société ».

Le tribun Duveyrier, le 23 mars 1803, s'appuie surtout, objection d'ailleurs grave, sur le mystère physique de la paternité qu'on ne saurait, pour des raisons multiples et certaines, éclaircir comme celui de la maternité. Mais Cambacérès, triomphant enfin dans son effort de dix années parlementaires, devient lyrique. Et par une ironie décevante, c'est au nom des mœurs qu'il demandera de supprimer la recherche de la paternité, alors qu'aujourd'hui les mêmes mœurs sont invoquées pour la rétablir.

Il s'écrie, dans son Discours préliminaire du Code civil : « On sait que dans les habitudes de la vie il est facile de répandre une présomption de paternité qui n'a jamais existé. A l'aide de ces apparences, combien de fois n'a-t-on pas affligé les mœurs par des recherches inquisitoriales, qu'on se plaisait à justifier par la faiblesse prétendue du sexe! Que cet abus disparaisse, et aussitôt de grandes ressources seront enlevées à la séduction et à la perversité; les mœurs auront des ennemis de moins et les passions un frein de plus. Les femmes deviendront plus réservées, lorsqu'elles sauront qu'en cédant sans prendre des précautions pour assurer l'état de leur postérité, elles en sont seules chargées. Les hommes deviendront plus attentifs et moins trompeurs lorsqu'ils verront que des promesses faites par le sentiment ne sont plus un jeu, et qu'ils sont tenus de tous les devoirs de la paternité envers des enfants qu'ils auront signalés comme le fruit d'un engagement contracté sous la double garantie de l'honneur et de l'amour ».

Qu'on les blâme ou qu'on les loue, les termes de la loi sont désormais trop clairs, les débats préparatoires, les travaux législatifs trop explicites pour laisser aux tribunaux, en eussent-ils le désir, le moindre pouvoir d'accueillir des demandes en recherche de la paternité. Dès la mise en vigueur du Code civil, la Cour de cassation va confirmer sa jurisprudence révolutionnaire. Son arrêt du 26 mars 1806 n'est qu'une répétition de celui qu'elle a rendu le 5 pluviôse an III. Là encore elle casse un jugement qui avait accordé des frais de gésine à une mère et une pension à son enfant naturel.

« Attendu que toute recherche de la paternité est abolie, non seulement par rapport aux droits successifs, mais encore relativement aux aliments pour l'enfant, aux frais de gésine et aux dommages-intérêts pour la mère, par la raison que la paternité étant indivisible, un homme ne peut être père pour un cas et ne pas l'être pour un autre cas ; qu'en condamnant Marthe à des dommages-intérêts et aux frais de gésine, le tribunal a commis un excès de pouvoir et violé l'article 340 ».

La jurisprudence ainsi fixée semble désormais invariable. La loi, depuis cent ans, n'a pas changé ; l'article 340 reste debout malgré les exécrations féministes. Nul recours ne sera donc ouvert aux femmes séduites, aux enfants délaissés par leurs pères naturels ?

Et cependant, voici qu'après bien des années la

situation se renverse. La jurisprudence de la Cour suprême admet ce qu'au nom de la même loi elle refusait obstinément. La clarté des principes paraît aussi évidente pour l'affirmative que naguère pour la négative. Comment un pareil revirement a-t-il pu se produire?

Là encore il faut, pour comprendre le droit, se garder de l'étudier en lui-même, isolément, à l'écart. Il n'est qu'un art humain, donc changeant, périssable et somme toute assez vain. Sous le texte rigide de la loi court la vie et palpite le cœur de la société. Les conditions économiques changent les codes comme les mœurs. Et nul changement ne se fait à coups de textes. La loi consacre le changement des mœurs bien plus qu'elle ne le crée. Le magistrat subit comme tout homme les grands courants sociaux, l'opinion publique modifiée par les nécessités de la vie quotidienne, les transformations de l'existence sociale. Le prolétariat méprisé des réorganisateurs bourgeois de l'Empire devient lentement le peuple qui bientôt sera souverain. La machine change le travail, l'ouvrier voit s'associer à ses labeurs la femme qu'il protégeait jadis au foyer; l'ouvrière, astreinte aux mêmes peines, exposée aux mêmes dangers, demande les mêmes droits. La faiblesse du sexe, l'*imbecillitas sexus*, qui ne lui valait les incapacités légales qu'au prix réciproque des légales protections, est un thème usé et désormais injuste. Et l'on aperçoit par de frappants exemples (que

Legouvé a résumés dans son « Histoire morale des Femmes ») l'iniquité de cette *loi de l'homme*, qui prétendait sauver les mœurs en donnant toute impunité à l'immoralité. Mais faut-il que la loi, si assouplie fût-elle, ne soit point violée ouvertement par ses interprêtes? La réponse sera facile. L'art juridique ne craint point les voltefaces élégantes ; il ne sert même qu'à les bien accomplir. Et nos magistrats, dociles serviteurs de l'opinion, fidèles exécuteurs des volontés qui s'affirment plus impérieusement, vont trouver dans cette loi même deux principes nouveaux pour combattre et réduire lentement le principe qu'ils posaient en 1806. L'article 340 interdit la recherche de la paternité sous toutes ses formes, dans toutes ses conséquences? Qu'à cela ne tienne! Notre Code est assez riche d'articles divers, parfois même contradictoires, pour qu'un juriste habile lui fasse dire enfin ce que commande l'équité.

On songe soudain que ce Code renferme, en effet, deux grands principes sur lesquels, sinon la recherche de la paternité, du moins son diminutif va pouvoir s'appuyer : c'est la *faute*, et c'est le *contrat*.

Comment naît un enfant naturel, comment une maternité illégitime se produit-elle ? Par la seule faiblesse de la femme ? Non pas. La ruse de l'homme y joue aussi son rôle. Dans bien des cas, la chute, pour employer cet euphémisme des gens respectables, a été provoquée par des manœuvres coupables, ces promesses dolosives, ces mille artifices que les femmes prennent pour de l'amour et qui ne sont que du désir. La séduction, en un mot, pour beaucoup de naissances illégitimes, est, à leur origine. Or, si la loi pénale a supprimé le délit de séduction ordinaire, elle n'a point reconnu cependant d'existence légale à la séduction. C'est ici la différence fréquente entre la faute pénale et la faute morale. La loi n'est pas chargée de châtier les péchés; mais son silence n'implique point qu'elle les approuve. Et leur accomplissement peut engendrer des responsabilités civiles que la loi viendra ensuite sanctionner, non plus avec des peines corporelles, des amendes et des emprisonnements, mais au moins avec des contraintes pécuniaires.

Seulement où trouver le texte qui rassurera les esprits formalistes? Dans le Code même, dont l'article 1382 est comme le pivot et permettrait à lui seul de reconstituer toute l'organisation sociale, le commun engagement des hommes à ne point se nuire et, pour prendre le mot aujourd'hui en vogue, la solidarité humaine. « Tout fait quelconque de l'homme, qui cause à autrui un dommage, oblige celui par la faute duquel il est arrivé, à le réparer. » La séduction cause un dommage, nul ne le peut nier. La séduction violente, le rapt, a déjà été reconnu par le législateur de 1804 comme une cause, la seule il est vrai, qui permette la recherche intégrale de la paternité. L'article 1382 n'ira pas jusque là. Mais grâce à lui, le droit de la mère abandonnée et trahie à obtenir des dommages-intérêts, une réparation civile de son séducteur, paraîtra certain et juridique. L'arrêt de la Cour suprême du 24 mars 1845 l'affirme avec autant de force que celui rendu le 26 mars 1806 par la même Cour avait affirmé le contraire. Et ce ne sera plus un arrêt de cassation, mais de confirmation. La Cour rejette le pourvoi fourni contre un jugement et un arrêt d'appel qui avaient alloué à une fille séduite 3.000 francs de dommages-intérêts contre son séducteur.

« Attendu qu'il ne s'agissait pas devant la Cour (d'appel) de rechercher quel était le père de l'enfant dont la demoiselle B. est accouchée; que l'enfant, étranger au débat, ne peut en aucun cas ni souffrir ni profiter de la décision intervenue ; que l'unique question est celle du préjudice causé à la demoiselle B. par le sieur L.; qu'il est constaté par l'arrêt attaqué que le sieur L. a abandonné la fille B. après l'avoir séduite; qu'il est la seule et unique cause du dommage qu'elle éprouve; que c'est avec raison que l'arrêt attaqué a fait application de l'article 1382 du Code civil. Par ces motifs, Rejette ».

Ce revirement complet de la jurisprudence a pu rencontrer durant quelque temps les résistances de certains tribunaux. La Cour de Paris, le 2 août 1866, celle de Caen, le 5 juillet 1875, invoquaient encore les termes exprès de l'article 340 pour repousser toute demande de réparation civile contre un fait de séduction. Mais aujourd'hui la jurisprudence est fixée sans conteste dans le sens tracé par l'arrêt de 1845.

Toutefois, la *séduction* est souvent délicate à déterminer. Le Code n'offre-t-il pas d'autres ressources? Et l'on découvre la théorie plus ingénieuse encore, mais toujours juridique, du *contrat*. Au début d'une liaison amoureuse, ou bien lors de ses premiers effets, à la naissance de l'enfant, un amant, un père a pu éprouver quelque mouvement d'honneur, sentir aussi le besoin de ranimer une confiance qui déjà chancelait. Il a promis à la femme qu'il pourvoirait aux besoins et à l'éducation de leur enfant. Un texte, à son tour, va légitimer et sanctionner cette promesse. C'est l'article 1142 du Code civil : « Toute obligation de faire ou de ne pas faire se résout en dommages-intérêts en cas d'inexécution de la part du débiteur. » Et la Cour de cassation, ayant bien étudié le cas, y trouve de suffisants motifs de confirmer, pour ces raisons nouvelles, une nouvelle jurisprudence : « Attendu, dit son arrêt du 26 juillet 1864 (qui rejette le pourvoi formé contre un arrêt de la Cour de Colmar, obligeant le sieur C. à tenir envers la fille G. les engagements contenus dans de nombreuses lettres et le condamnant en conséquence à lui payer la somme de 3.000 francs outre les frais d'entretien de leur enfant naturel) que l'arrêt a pu dire que C. avait reconnu positivement le tort causé par lui à la fille G. et a pris l'engagement formel de le réparer; qu'un pareil engagement ayant pour cause un quasi-délit était licite, et que la justice devait en ordonner l'exécution;

« Attendu que l'arrêt attaqué, loin d'autoriser la recherche d'une paternité adultérine, a déclaré formellement au contraire que cette recherche serait positivement prohibée par la loi; qu'il n'a fondé la condamnation prononcée que sur le préjudice causé à la fille G. par le fait de C. et sur l'engagement pris par lui de le réparer... »

La promesse a-t-elle même besoin pour être certaine, la convention pour être obligatoire, aux termes de l'art. 1142, d'être formelle, et de constituer un contrat auquel ne manquerait en quelque sorte que la présence d'un grave notaire ? Le plus récent état de la jurisprudence semble montrer chez les juges le désir d'assouplir la loi jusqu'à son extrême limite, de fonder leur conviction sur des présomptions de promesses, autant que des certitudes, sur un engagement implicite aussi bien que sur un contrat indiscutable. Le jugement rendu récemment par le Tribunal de la Seine montre tout le parti qu'on pouvait tirer de l'arrêt de cassation rendu en 1864. Il est ainsi résumé par le journal *Le Temps*, du 9 janvier 1904 :

L'entretien des enfants naturels. — Une jeune femme abandonnée avec deux enfants réclamait à un médecin qui l'avait, après plusieurs années de vie commune, délaissée, une pension pour élever ses deux fillettes. Elle établissait que, pendant tout le temps de leur faux ménage, il s'était conduit en père vis-à-vis d'elles : il n'avait pris aucun engagement formel, mais il avait laissé entendre qu'on pouvait compter sur lui. La 1re chambre du tribunal, présidée par M. Ditte, a trouvé qu'il y avait là des éléments suffisants pour lui imposer sa part dans l'éducation des enfants :

« Attendu, dit le jugement, qu'il est justifié que jus-« qu'à une époque assez récente le défendeur a contribué « dans une certaine mesure aux frais d'entretien des « enfants; qu'il résulte, tant de la correspondance versée « aux débats, laquelle émane du défendeur et constitue un « commencement de preuve par écrit, que d'un ensem-« ble de présomptions graves, précises et concordantes, « qu'il s'est engagé à subvenir pour partie aux susdites « dépenses... »

Le tribunal a condamné le médecin à payer à son ancienne « amie » 800 francs de pension jusqu'à la majorité des enfants.

Mais cette jurisprudence est-elle suffisante ? A l'étudier de près, semble-t-il donc que tout progrès soit superflu, et que par une application sagace des textes nous soyons parvenus enfin à la protection efficace des enfants délaissés ? En un mot, notre proposition de loi ne fait-elle pas double emploi avec la jurisprudence désormais fixée ?

Nullement. Car cette jurisprudence, non seulement a le défaut inhérent à tout ensemble de décisions simplement judiciaires : elle n'est pas obligatoire.

Elle constitue certes une précieuse indication pour les magistrats enclins à juger selon la coutume de leurs prédécesseurs. Mais elle ne forme pas une obligation ; admise dans le Nord, elle peut être rejetée au Midi. Surtout, et là est l'essentiel de notre critique, cette jurisprudence n'est féconde qu'en apparence. En réalité, elle ne peut s'appliquer qu'à des cas isolés, elle est d'une pratique extrêmement rare, par les principes mêmes sur lesquels elle s'appuie.

De ses deux grandes idées, la *faute*, c'est-à-dire la séduction, le *contrat*, c'est-à-dire la promesse faite par le père de soutenir la mère illégitime et l'enfant naturel, laquelle se rencontrera dans la plupart des cas habituels ? L'enfant naturel naît d'amours à l'ordinaire furtives. Qui donc manifeste assez de générosité, ou d'imprudence, pour laisser des traces écrites de la passion qu'il reniera ensuite ? Les lettres s'échangent rarement entre amants, alors surtout que la femme est de condition modeste. Ce qui depuis cinq mille ans se suspend sans cesse aux lèvres des amants, ce sont des paroles : mais l'enfant est déjà là que seule une amante habile, donc peu digne d'intérêt, a eu la précaution de les faire consigner en une correspondance, encore moins en un acte régulier. La prudence d'un tabellion est exclusive de la passion d'une jeune fille.

La séduction est-elle plus fréquente ? Là encore, dussé-je me faire maudire des féministes, je ne le puis admettre. Et si vous voulez un argument impersonnel, sec et clair, considérez la statistique des naissances naturelles, quant à l'âge des mères. Le plus grand nombre d'entre elles ont en moyenne de 20 à 25 ans (en 1901 sur 74.693 naissances naturelles, 29.465 mères de cet âge), celles de 25 à 30 sont encore nombreuses (14.803), celles même de 30 à 35 ne sont pas rares (7.581). Quant à celles de 15 à 20 ans, elles ne représentent pas le cinquième (14.754). Or, pourrez-vous soutenir qu'une fille de vingt ans au moins est une ignorante, que Jenny l'ouvrière dans sa mansarde aux minces cloisons, ou dans sa famille étroitement logée, ou dans son atelier aux libres conversations, n'a rien appris des mystères que notre pudeur voile d'ailleurs avec un soin excessif? La séduction existe parfois, elle peut amener le don inconscient, puis l'irresponsable maternité. Mais à qui veut regarder les faits réels avec sincérité, une semblable extrémité paraît rare. En fait, si la femme se donne, c'est qu'elle en a le désir, et par là même la compréhension. Et la *faute*, pour les plus intraitables féministes, où la voyez-vous? Dans l'amour vraiment libre, dans le don volontaire de la femme qui sait ce que l'amant recherche en elle ? Si les sexes sont égaux, je ne saisis point comment l'un pourrait se prévaloir à l'encontre de l'autre d'une faiblesse que ses défenseurs s'évertuent à nier. En attendant les jours prédits par le poète mysogyne, où la Femme aura Gomorrhe et l'Homme aura Sodomme, la femme ne pourra demander de peines civiles, de condamnations pécuniaires contre son amant qu'autant qu'il aura été vraiment son séducteur, en définitive dans des cas isolés.

Mais cet argument même, qui montre l'inanité pratique de notre jurisprudence, va nous fournir la solution du problème, solution contenue dans la nouvelle proposition du Conseil National des Femmes Françaises. Un seul mot suffit : et vous en avez l'originalité. Cette proposition n'est pas faite spécialement *pour la femme*, elle est faite *pour l'enfant*.

Qui fait l'enfant doit le nourrir. Loysel mettait déjà en cette formule dégagée de pudibonderie le bon sens du droit coutumier. Elle parle franc et doit nous sufire. Il ne s'agit point pour l'établissement de la paternité naturelle de chercher gravement des fautes ou des promesses, de combiner avec art les articles d'un code vermoulu, l'article 1382 et l'article 1142, auxquels, cent ans auparavant, les mêmes tribunaux refusaient les mêmes conséquences. Il n'est besoin que de considérer ce fait très simple, et très impérieux : un être est né. Celle qui l'a conçu doit l'élever. Celui qui l'a engendré peut-il se soustraire au même devoir ?

La génération, voilà le lien de droit entre l'enfant et le père naturels. Et toutes les difficultés de la matière disparaîtront, si l'on veut bien laisser, non pas de côté, mais au second plan, l'être ici moins immédiatement intéressant. Qu'importe que la femme n'ait pas été séduite, qu'elle se soit librement donnée, qu'aucune promesse écrite ni même verbale ne lui ait été faite pour l'entretien de l'enfant qui pourrait naître de sa liaison ? C'est l'enfant qu'on doit voir tout d'abord. Il est né, il a faim, il faut qu'on le nourrisse. Et le père y devra pourvoir. Il existera entre eux mieux qu'un lien de droit — celui de la nature. « Qui fait l'enfant doit le nourrir ».

Sans doute les difficultés du sujet restent extrêmes. On peut faire à notre proposition trois critiques fondamentales. On peut nous dire : vos intentions sont pures, mais vos moyens fragiles. Grande difficulté : la preuve. Comment établirez-vous la paternité qu'il s'agira de rechercher ? Par des écrits ? C'est retomber dans les cas exceptionnels. Par la possession d'état ? C'est accomplir une réforme superflue. L'enfant naturel ayant la possession d'état est celui-là même qui ne nécessite point de lois nouvelles, puisque son père s'est occupé de lui et lui a donné la place à son foyer et l'entretien nécessaire. Par des témoignages de toute nature ? Alors vous revoilà aux prises avec les incertitudes de la nature, dans les ombres trompeuses de la physiologie.

Grand danger de même : le scandale. Le chantage reprendra sous le droit nouveau comme il sévit sous l'ancien.

Grande inutilité surtout. Et ici l'argument est particulièrement impressionnant. A l'ordinaire, les pères lâches ou insensibles dédaigneront les condamnations civiles. Combien de femmes divorcées, de mères légitimes peuvent-elles obtenir en pratique le paiement des pensions alimentaires qui leur sont allouées ? La loi offre mille moyens de la tourner elle-même. Pour croire au paiement habituel des pensions accordées à des mères naturelles au profit de leurs enfants, il faudrait admettre que ce sont les riches seuls qui poussent les jeunes filles à leur perdition. Cliché de socialiste ou plaisanterie de feuilletonniste. Craignez qu'avec un texte nouveau vous ne gardiez les misères anciennes.

Soit, répondrai-je. Nous avons pesé tout cela, et ne le nions point. Mais pourtant nous voulons réaliser notre réforme; car c'en est une, et non une factice et littérale transformation des textes. Le scandale, on le peut éviter. Qu'on ajoute à la loi qui permettra la recherche de la paternité une disposition assimilant la femme déboutée de son action à une diffamatrice ; que l'homme injustement actionné ait le droit ou de mépriser la calomnie ou bien au contraire de lui faire appliquer les peines sévères de la diffamation. Et le chantage à la paternité paraîtra bientôt d'un emploi dangereux.

Pour le reste, pour l'inutilité des jugements qui ne pourront rien sur l'impécuniosité voulue ou réelle des pères qu'on aura recherchés, cela fut-il vrai dans tous les cas que la réforme devrait encore s'accomplir. Ce principe que l'Angleterre, et l'Allemagne, et l'Autriche, et la Suisse, et les États scandinaves ont depuis longtemps proclamé, la France ne peut persister à le proscrire de ses lois : toute paternité est un devoir, il est indigne de s'y soustraire.

Certes, il est malaisé de mettre d'accord la vie et les textes, les nécessités individuelles et les besoins sociaux, la tradition et le progrès. Mille intérêts se heurtent ici dont beaucoup sont respectables, quoique contradictoires. La logique expansion de notre tendance est la recherche de la paternité adultérine ou incestueuse comme de la naturelle simple. Et qui n'aperçoit les conséquences auxquelles on aboutit : l'intrusion, même par la voie de droits purement pécuniaires, dans la famille régulière, au détriment de l'épouse et de ses enfants, pour leur douleur et, selon l'éthique courante, pour leur honte, des bâtards jadis relégués hors de son enceinte sacrée? Qu'une semblable loi hâte les temps énigmatiques où mariage, paternité, filiation, tout se confondra en une formule plus large — les droits et les devoirs de la génération — nous ne songeons point à le dissimuler. Mais en sachant accepter ce que toute loi humaine présente forcément d'incomplet, ou de heurté, nous croyons que l'enfant peut être admis à rechercher son père aussi bien que sa mère. Il le peut matériellement : les preuves externes de la paternité ne sont pas impossibles. La cohabitation des parents permettrait à l'ordinaire de l'établir ; et pourtant la loi actuelle, et la jurisprudence aussi, interdisent ce mode de preuve. Il doit le pouvoir légalement. La paternité est une obligation. La loi est faite pour contraindre tout homme à l'accomplissement de ses devoirs et non pour l'aider à s'y soustraire. Le Code n'est point un refuge pour les lâches. Avant même de faire adopter notre proposition au Parlement, nous espérons donc qu'elle sera comprise par l'opinion publique. L'article 340 a trop duré. Nous ne demandons point à créer une paternité naturelle qui soit comme une caricature de l'autre. Il nous suffit d'obtenir l'essentiel : le pain pour l'enfant. La seule paternité qui nous agrée ici, c'est la *paternité alimentaire*.

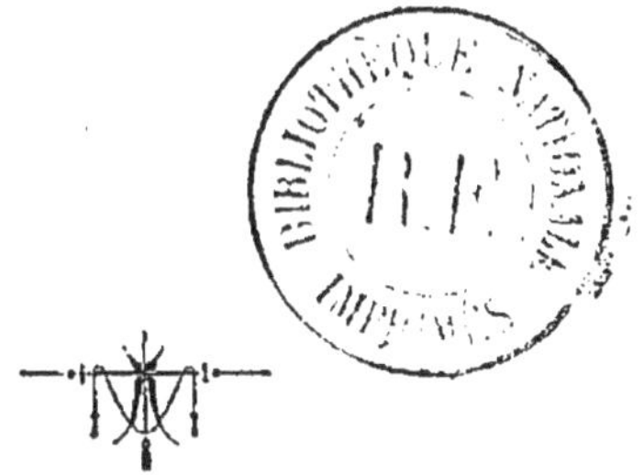

www.ingramcontent.com/pod-product-compliance
Lightning Source LLC
LaVergne TN
LVHW020257230826
846091LV00006B/2456

* 9 7 8 2 0 1 9 3 0 1 3 2 3 *